Keetinna bwa teraa ngai?

Te korokaraki iroun Matirete Aukitino

Library For All Ltd.

E boutokaaki karaoan te boki aio i aan ana reitaki ae tamaaroa te Tautaeka ni Kiribati ma te Tautaeka n Aotiteeria rinanon te Bootaki n Reirei. E boboto te reitaki aio i aon katamaaroaan te reirei ibukiia ataein Kiribati ni kabane.

E boreetiaki te boki aio iroun te Library for All rinanon ana mwane ni buoka te Tautaeka n Aotiteeria.

Te Library for All bon te rabwata ae aki karekemwane mai Aotiteeria ao e boboto ana mwakuri i aon kataabangakan te ataibwai bwa e na kona n reke irouia aomata ni kabane. Noora libraryforall.org

Keetinna bwa teraa ngai?

E moan boreetiaki 2022
E moan boreetiaki te katootoo aio n 2022

E boreetiaki iroun Library For All Ltd
Meeri: info@libraryforall.org
URL: libraryforall.org

Te korotaamnei iroun Shutterstock

Atuun te boki Keetinna bwa teraa ngai?
Aran te tia korokaraki Aukitino, Matirete
ISBN: 978-1-922932-50-1
SKU02413

Keetinna bwa teraa ngai?

2

Keetinna bwa teraa ngai?

I meemena i taari. E kakaokoro
karan rabwatau bwa kaotan ae
I rangi ni marurung.

A taatangirai taan neweaba
bwa e rangi ni kantara taraakiu.

A mwaingiing iika ma manin taari ni kabane. Ngai naba bon manin taari ma I aki kona ni mwaingiing.
Iai irikon iika ao a kangkang ngkana a kanaki. I bon aki kona ni kanaki bwa e matoatoa bwain rabwatau.

E tabaabaanako tein rabwatau, ai aron te aroka i taari. A taatangirai iika aika uarereke bwa nneia ni kamanoia mai irouia iika aika buubura, taan akawa ao aomata.

9

A nakonako aomata i aou, ao I maraki iai. Ma, I tangiriia ao I kataniia man kangaanga n ai aron kanakinakoan mataniwiin te bike. I kauareerekea korakoran te nao.

A kainanoa taai aomata ibukin maiuia. I kainanoa naba taai ibukin karaoakin kanau ibukin karekean korakorau.

I maamaeka n te tabo ae itiaki
ao n aki rangi ni mwaitoro ke
n rangi ni kabuebue. Ngkana
e riao te mwaitoro, I mate iai.
Ngkana e riao te kabuebue,
I mate naba iai.

Keetinna bwa teraa ngngai?

I meemena i taari.
E kakaokoro karan rabwatau.
A rangi n taatangirai taan
neweaba.

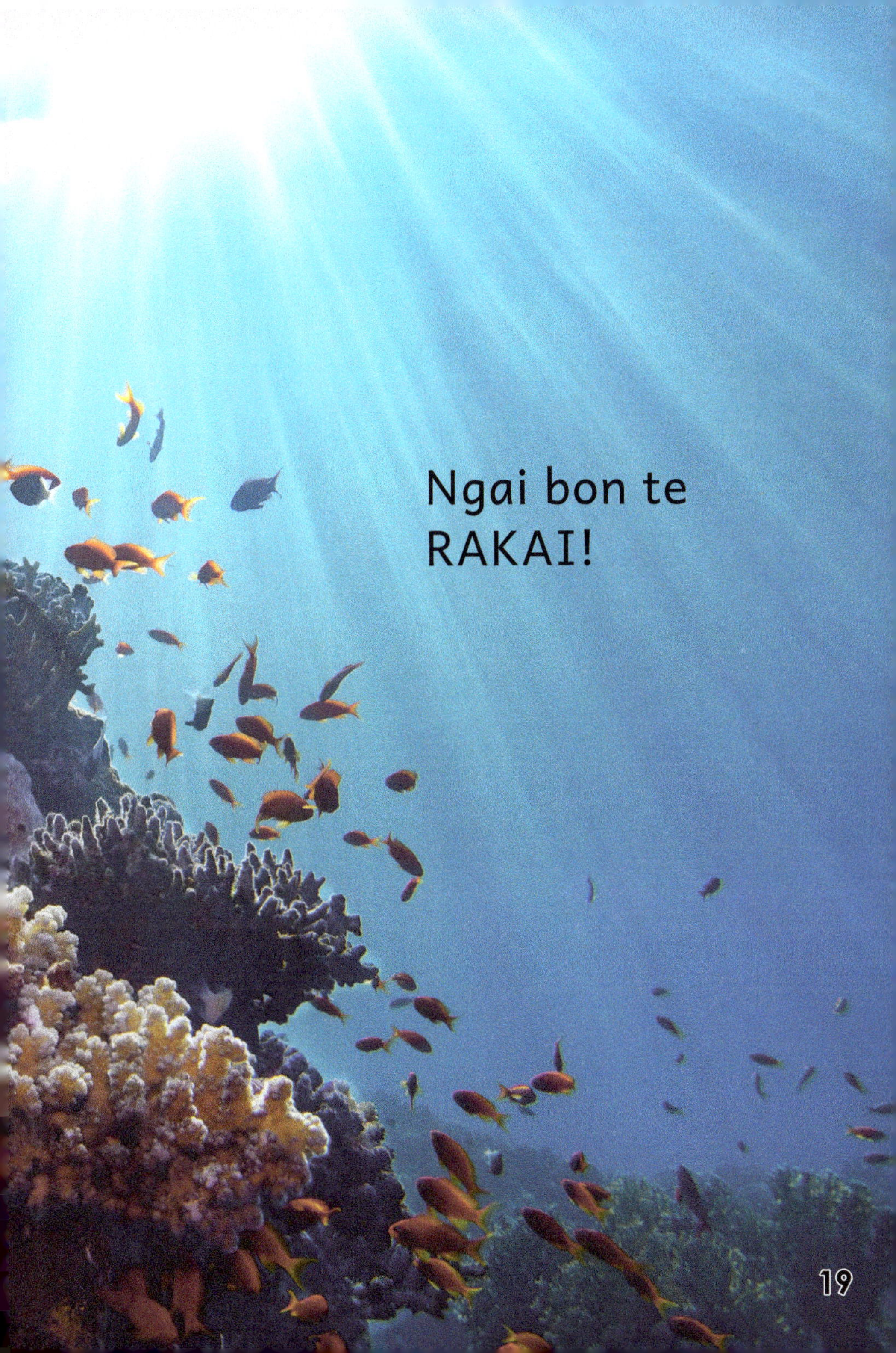

Ngai bon te RAKAI!

#2413 Keetinna bwa teraa ngai? Nambwan te taamnei			
Iteranibaa	URL	Nambwan te taamnei	Te tia korotaamnei
2.3	https://www.shutterstock.com/image-photo/thoughtful-young-girl-against-chalk-board-679657285	679657285	wavebreakmedia
4.5	https://www.shutterstock.com/image-photo/phu-quoc-island-vietnam-march-21-2156701679	2156701679	Al.geba
6.7	https://www.shutterstock.com/image-photo/red-sea-underwater-coral-reef-fishes-120624256	120624256	Willyam Bradberry
8.9	https://www.shutterstock.com/image-photo/blue-darkness-390143248	390143248	divedog
10.11	Jogjakarta Beach Indonesiadecember 25 2018 Relaxing Stock Photo 1274773225	Shutterstock	1274773225	Dany Kurniawan
12.13	https://www.shutterstock.com/image-photo/design-template-underwater-part-sunset-skylight-147759191	147759191	Willyam Bradberry
14.15	https://www.shutterstock.com/image-photo/beautiful-tropical-island-french-polynesia-under-162125891	162125891	BlueOrange Studio
16.17	https://www.shutterstock.com/image-photo/snorkelers-great-barrier-reef-australia-132621329	132621329	artincamera
18.19	Lifegiving Sunlight Underwater Sun Beams Shinning Stock Photo 1613880472	Shutterstock	1613880472	Tunatura

Ko kona ni kaboonganai titiraki aikai ni maroorooakina te boki aio ma am utuu, raoraom ao taan reirei.

Teraa ae ko reiakinna man te boki aio?

Kabwarabwaraa te boki aio.
E kaakamanga? E kakamaaku?
E kaunga? E kakaongoraa?

Teraa am namakin i mwiin warekan te boki aio?

Teraa maamaten nanom man te boki aei?

Karina ara burokuraem ni wareware
getlibraryforall.org

Rongorongoia taan ibuobuoki

E mmwammwakuri te Library For All ma taan korokaraki ao taan korotaamnei man aaba aika kakaokoro ibukin kamwaitan karaki aika raraoi ibukiia ataei.

Noora libraryforall.org ibukin rongorongo aika boou i aon ara kataneiai, kainibaaire ibukin karinan karaki ao rongorongo riki tabeua.

Ko kukurei n te boki aei?

Iai ara karaki aika a tia ni baarongaaki aika a kona n rineaki.

Ti mwakuri n ikarekebai ma taan korokaraki, taan kareirei, taan rabakau n te katei, te tautaeka ao ai rabwata aika aki irekereke ma te tautaeka n uarokoa kakukurein te wareware nakoia ataei n taabo ni kabane.

Ko ataia?

E rikirake ara ibuobuoki n te aonnaaba n itera aikai man irakin ana kouru te United Nations ibukin te Sustainable Development.

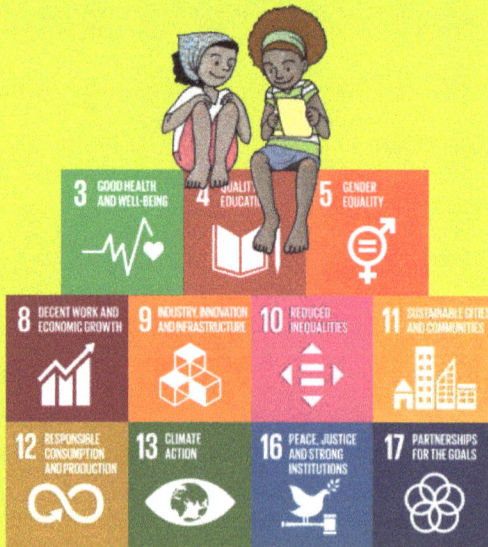

librar.forall.org

www.ingramcontent.com/pod-product-compliance
Lightning Source LLC
Chambersburg PA
CBHW040323050426

42452CB00034B/2887